COLLECTIONS

DE

S. A. I. MGR LE PRINCE NAPOLÉON

—

TABLEAUX A

PARIS

IMPRIMERIE SERRIERE, 123, RUE MONTMARTRE

—

1867

COLLECTIONS

DE

S. A. I. MGR LE PRINCE NAPOLÉON

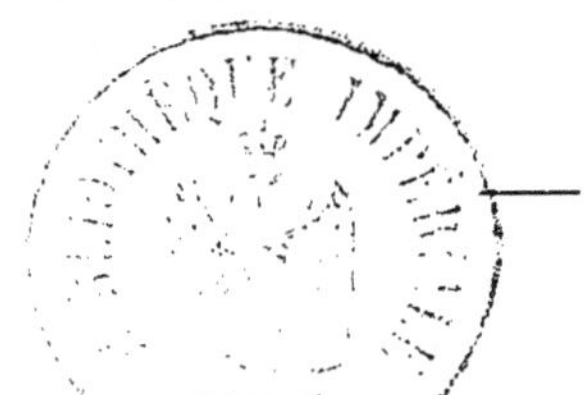

TABLEAUX ANCIENS

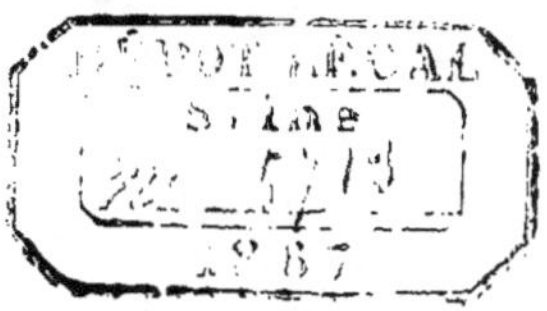

PARIS

IMPRIMERIE SERRIERE, 123, RUE MONTMARTRE

—

1867

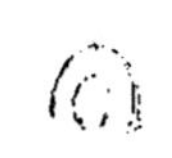

TABLEAUX ANCIENS

BAMBINI (le chevalier Nicolas), né à Venise en 1651, mort en 1736. — École vénitienne.

Élève de Mazzoni à Venise et de Maratta à Rome. Connu comme peintre d'histoire. Il faisait terminer ses tableaux par Casana. connaissant sa propre faiblesse dans le coloris. Il eut deux fils, Pietro et Étienne. peintres de peu de réputation.

N° 1. Angélique et Médor.

Ils sont au pied d'un arbre. sur le tronc duquel sont gravés leurs chiffres : dans le coin, à gauche du tableau. deux amours sont occupés à graver sur un rocher les lignes de vie parallèles des deux amants.

Provient de la collection du marquis Pépoli. de Bologne.

Peint à l'huile, sur toile.

Dimensions : H. 0,46. — L. 0.36.

Emplacement :

BELLINI (Giovanni), né à Venise en 1426, mort dans la même ville le 13 novembre 1516. — École vénitienne.

Ainsi que Gentile Bellini, son frère, il fut élève de Jacopo, leur père, et reçut des leçons de Mantegna. Ses progrès furent rapides, et un tableau de lui, daté de 1443 (il n'avait alors que dix-sept ans), prouve combien il avait déjà profité des leçons de ses maîtres. Après avoir travaillé avec ses parents à Padoue, il revint à Venise et exécuta plusieurs ouvrages à la détrempe qui furent fort admirés. Ridolfi prétend que c'est lui qui répandit la pratique de la peinture à l'huile dont il aurait surpris le secret en faisant faire son portrait par Antonello, de Messine ; ce dernier le tenait, dit-on, de Jean de Bruges ou de Van Eick. — Parmi les peintures en tous genres exécutées par Giovanni, celles du palais ducal auxquelles il consacra douze années de travail sont surtout célèbres. Ce grand artiste est considéré à juste titre comme le véritable fondateur de l'École vénitienne qui, cependant, avait déjà les Vivarini. A soixante-deux ans, il devint le maître de Giorgione et du Titien ; les progrès de ces deux illustres élèves l'animèrent d'une ardeur nouvelle, il agrandit sa manière, et ses meilleurs ouvrages sont ceux qu'il produisit depuis cette époque jusqu'à sa mort.

Nº 2. La Vierge et l'Enfant Jésus.

La Vierge, assise devant un rideau vert,
tient sur ses genoux l'Enfant Jésus dont elle
soutient le pied droit avec sa main gauche.
Fond de paysage. Sur une terrasse ou appui,
au bas de cette œuvre remarquable par le
caractère des têtes, la belle exécution des
draperies d'un ton splendide, on lit :
Joannus Bellinus P.

Provient de

Peint à l'huile, sur bois.

Dimensions : H. 0,97. — L. 0,73.

Emplacement :

———

BELTRAFFIO (Giovanni-Antonio), né en
1467, mort en 1516. — Ecole lombarde.

Gentilhomme milanais, élève de Léonard
de Vinci, ne fit de la peinture que par dé-
lassement. On ne connait pas de tableau
de lui avec signature.

Nº 3. Portrait de poëte.

Il est vu un peu au-dessous du cou, porte
les cheveux longs et plats, et est coiffé
d'une toque noire ceinte d'une couronne de
lauriers. On n'aperçoit que le haut de la

robe, qui est rouge et serré au cou. La figure rappelle celle de Pétrarque.

Peint à l'huile, sur bois.

Dimensions : H. 0,29. — L. 0.19.

Emplacement :

BONVICINO (Alessandro), dit le MORETTO DE BRESCIA, né à Rovato (bourg du territoire de Brescia), vers 1500, mort vers 1560. — École vénitienne.

Quoique cet artiste ait signé ses tableaux Moretus Brixiensis ou Alexander Brixiensis, il ne faudrait pas conclure qu'il soit né à Brescia ; il fut d'usage en Italie, à cette époque, de prendre la dénomination de la ville importante du pays natal. L'opinion la plus accréditée est qu'il naquit au bourg de Rovato. Plusieurs peintres de sa famille, établis à Brescia, passaient pour des artistes habiles. Alessandro fut d'abord élève de son père, puis de Floriani Ferramola ; son premier ouvrage connu est daté de 1515. Il alla à Venise et entra à l'école du Titien. Après avoir quitté cette ville, il exécuta un grand nombre de peintures à fresque, à la détrempe et à l'huile, à Brescia, à Bergame, à Vérone et à Trente. Plus tard, le Moretto, qui ne visita ni Florence, ni Rome, ayant vu des tableaux de Raphaël et des gravures faites d'après lui, modifia son style, qui avait été jusqu'alors purement vénitien. — Le style du Moretto est à la fois simple, gracieux, élevé. Son coloris, généralement argentin, le fait distinguer facilement des autres maîtres vénitiens, et particulièrement de ceux sortis de l'école du Titien, qui ont adopté une harmonie chaude et dorée. Il excella à imiter le velours et le satin. On a fait la remarque qu'il n'employa que très-rarement le bleu. Il fut le maître de Gio.-Bapt. Morone.

N° 4. Mariage mystique de sainte Catherine.

La Vierge, assise à droite du tableau, tient dans ses bras l'Enfant Jésus qui se détourne vers sainte Catherine agenouillée et passe l'anneau à son doigt. Peinture vigoureuse d'effet et d'ampleur.

Peint à l'huile, sur toile.

Dimensions : H. 1,06. — L. 1,41.

Emplacement :

———

BORDONE (Paris), né à Trévise en 1500, mort à Venise le 19 janvier 1570. — Ecole vénitienne.

D'abord élève du Titien, il se passionna pour les ouvrages de Giorgione, mort depuis quelques années, et dont il imita dans ses premiers ouvrages la manière et le genre de composition. On raconte que le sujet de l'anneau ducal retrouvé dans la mer par un pêcheur, ayant été mis au concours, Paris Bordone l'emporta sur ses concurrents. C'est, du reste, le chef-d'œuvre de cet artiste. Il se distingua aussi dans le genre du portrait. Appelé en France sous François II, il y séjourna jusque sous le règne de Henri III, y fit beaucoup de portraits, travailla pour le duc de Guise et pour le duc de Lorraine. — Il eut un fils peintre qui ne marcha que de loin sur les traces de son père.

N° 5. Jeune femme à sa toilette.

Vue à mi-corps, un sein nu, elle tient un peigne de la main gauche, et étend le bras droit vers un miroir que lui présente une femme âgée coiffée d'un turban. Les figures ont une majesté et une expression sérieuse qui excluent toute idée de coquetterie et semblent indiquer que, dans ce tableau, le peintre a voulu représenter la toilette de Judith.

Provient de la galerie du duc Litta, à Milan.

Dimensions : H. 0,90. — L. 0,72.

Emplacement :

Nº 6. Jeune femme dans un bosquet.

Dans un jardin, une jeune femme assise, un peu renversée, la gorge découverte, le bras gauche appuyé sur un fut de colonne, présente une corbeille de fleurs à une femme debout qui respire le parfum d'une rose. En haut et à gauche du tableau, un Amour plane au-dessus des fleurs.

Provient de la galerie Barberigo.

Tableau à l'huile, sur toile.

Dimensions : H. 0,87. — L. 1,11.

Emplacement :

Nº 7. Sainte Famille.

Dans un fond de paysage très-riche, la Vierge, assise au pied d'un arbre, s'est endormie, la main droite appuyée sur un livre. Auprès d'elle est une corbeille à ouvrage d'où sort une bandelette en partie déroulée. A gauche, saint Joseph offre un fruit à l'Enfant Jésus, que saint Jérôme tient sur ses genoux. Grande composition où se trouvent toutes les qualités de l'Ecole vénitienne.

Peint à l'huile, sur toile.

Dimensions : H. 26. — L. 1.70.

Emplacement :

BORGOGNONE (Ambrogio), peignait vers 1500. — École milanaise.

Cet artiste, un des fondateurs de l'École milanaise, est de ceux qu'on appelle *antichi moderni*, c'est-à-dire qui ont continué jusqu'au XVI° siècle le style des écoles primitives. Il a peint dans un cloître, à San Simpliciano, la vie de San Sisinio et de ses compagnons, martyrs, travail très-estimé.

N° 8. Saint Augustin présentant une donatrice.

Ce tableau formait le volet gauche d'un triptique. Sous un portique très-richement décoré, le saint, en costume d'évêque, debout, tenant une crosse dans la volute de laquelle est l'*Agnus Dei*, présente la donatrice, agenouillée. Les têtes, vues de profil, sont remarquables par la précision du dessin, le modelé fait avec une grande sobriété de couleur, et pourtant d'une vérité très - caractérisée, quoiqu'un peu sèche. L'or est appliqué parmi la peinture suivant les procédés des anciens maitres.

Provient de la galerie du duc Litta, à Milan.

Peint à l'huile, sur bois.

Dimensions : H. 1.50. — L. 0,66.

Emplacement :

N° 9. Saint Pierre de Vérone.

Ce tableau formait le volet de droite d'un

triptique. Sous un portique richement décoré, le saint, debout, en habit de domini-
cain, porte sur le crâne le couperet avec lequel il fut martyrisé, et présente le donataire agenouillé. Dans le fond du tableau,
à droite, est représenté en très-petite dimension le martyre du saint dans une forêt.

Provient de la galerie du duc Litta, à Milan.

Peint à l'huile, sur bois.

Dimensions : H. 1.50. — L. 0.66.

Emplacement :

BRONZINO (Angiolo), peintre, graveur et
poète, était né à Florence vers 1502, mort,
selon Vasari, en 1567, et selon Borghini, en
1571. — École florentine.

Élève de Jacopo Carucci, dit Il Pon-
tormo, qui l'aimait comme un fils ; il aida
son maître dans un grand nombre d'ouvrages, travailla particulièrement à ceux
qu'il fit dans la chapelle de San Lorenzo, à
Florence, et les termina après la mort de
Carucci. Il chercha surtout à imiter le style
de Michel-Ange, et fit un grand nombre de
portraits très-estimés. Ces portraits sont en
général sur bois, méthode de peindre dont
la mode reprit de son temps, après avoir
été abandonnée. Il peignit aussi à fresque,
dans le Palazzo Vecchio, à Florence.

N° 10. **Portrait de Cosme de Médicis.**

Cosme de Médicis, premier grand-duc de
de Toscane, est vu à mi-corps, vêtu d'une
cuirasse dont les détails sont finement exé-
cutés, sans nuire à l'ensemble du tableau,
la tête nue ; la main droite, sans gantelet,
est posée sur son casque qu'il tient de la
main gauche.

Peint à l'huile, sur bois.

Dimensions : H. 0,86. — L. 0,67.

Emplacement :

N° 11. **Portrait d'une princesse de Médicis.**

Peut-être celui de la célèbre Bianca Ca-
pello, née vers 1542, d'un patricien de Venise; d'abord maîtresse du duc François de
Médicis, qui l'attacha à sa cour, et qui, de-
venu veuf, finit par l'épouser, après lui
avoir fait décerner par les Vénitiens le titre
honorifique de fille de la république, en
1579

Elle est représentée à mi-corps, de grandeur naturelle, et vue de face ; sa main
droite, remarquablement belle, est appuyée sur sa poitrine, et de sa main gauche elle tient un gant noir.

Peint à l'huile, sur bois.

Dimensions : H. 0,89. — L. 0,70.

Emplacement :

BUGIARDINI (Giuliano Fiorentino), né vers
1481, mort en 1556, selon Vasari. — École
florentine.

Contemporain et ami de Buonarotti, Bugiardini avait peu d'initiative et restait souvent embarrassé pour finir ses tableaux.
On raconte que, pour son martyre de sainte
Catherine fait pour l'église de Santa Maria
Novella, Michel-Ange lui dessina un soldat
avec du charbon et que Bugiardini n'eut
plus qu'à remplir les contours avec de la
couleur. On dit aussi qu'il peignit souvent
pour d'autres artistes et qu'il travailla à
plusieurs ouvrages de Fra Bartolomeo. —
Il fut le maître du Salviati.

Nº 12. La Vierge et l'Enfant Jésus.

La Vierge, assise près d'un mur, soutient
l'Enfant Jésus qui, du banc où elle est
assise, cherche par un mouvement charmant à grimper sur les genoux de sa mère.
L'enfant est vu de trois quarts ; la bouche
légèrement entr'ouverte est d'une grande
finesse. La Vierge incline la tête et a les
yeux baissés. — Fond de paysage.

Peint à l'huile, sur bois.

Dimensions : H. 0,88. — L. 0.68.

Emplacement :

CALIARI (Paolo), dit Paolo Véronèse, né à
Vérone en 1528, mort le 19 avril 1588. —
École vénitienne.

Son père, Gabrièle Caliari, sculpteur, le
destina d'abord à sa profession et lui apprit
à modeler ; mais entraîné par un penchant
irrésistible vers la peinture, il entra à l'a-
telier de son oncle, Antonio Badile. Les
gravures d'Albert Durer, les dessins du
Parmesan, furent des modèles qu'il copia
assiduement. Il fit des progrès rapides, et
après avoir terminé différents travaux à
Vérone, il fut conduit à Mantoue par le car-
dinal Ercole Gonzaga pour peindre divers
travaux dans le dôme, de là il revint à Vérone, puis passa à Vicence et à Venise, où
il s'établit. Ses premières peintures, exécutées en 1555, dans la sacristie et dans l'é-
glise Saint-Sébastien, le placèrent immé-
diatement au rang des premiers artistes de
l'époque, et son triomphe fut complet lors-
qu'à la suite du concours établi par les
procurateurs de Saint-Marc pour la peinture du plafond de la bibliothèque, ses ri-
vaux lui décernèrent eux-mêmes la chaîne
d'or destinée au vainqueur ; à la suite de
ce concours, Paolo fit un voyage à Rome ;
la vue des ouvrages de Raphaël, de Michel-
Ange, et surtout l'étude des chefs-d'œuvre
de l'antiquité, eurent la plus grande influence sur sa manière, qui s'agrandit en-

core, et se simplifia sans rien perdre de sa
grâce et de sa noblesse. De retour à Venise, c'est à peine si, malgré son extrême
assiduité et sa prodigieuse facilité, il put
suffire à tous les travaux dont il fut chargé.
Des églises presque entières ont été peintes
par lui, et ses œuvres sont répandues dans
toutes les galeries. Son dessin, ferme et
noble, qui procède par de grands plans, a
le doux éclat de la couleur argentine ; la
beauté et la grâce de ses têtes, la pompeuse
magnificence de ses vastes compositions,
enfin l'art admirable, et que lui seul a pos-
sédé à ce degré, de représenter sans confu-
sion de nombreuses figures enveloppées
d'une atmosphère également lumineuse,
toutes ces éminentes qualités font de Paul
Véronèse un des plus rares génies dont la
peinture puisse se glorifier.

N° 13. Le Triomphe de l'Église. — Esquisse.

Au centre du tableau, un pape, la tête
couverte de la tiare, s'avance sur le parvis
d'une église, suivi d'un nombreux cortége
de prélats, au devant d'un guerrier qui se
prosterne la tête découverte, pendant qu'à
ses côtés un dignitaire porte sur un coussin
la couronne impériale. Tout autour abon-
dent des personnages fastueux, officiers ou
écuyers, dont l'un tient un cheval en main.
Cette belle composition, probablement ins-
pirée par l'entrevue de Frédéric Barbe-

rousse. empereur d'Allemagne, et du pape Alexandre III, est remarquable par la noblesse de l'ordonnance générale et la dignité des personnages, et témoigne de la façon de procéder des peintres de cette époque.

Peint en grisaille, sur toile.

Dimensions : H. 0,97. — L. 0,63.

Emplacement :

—

CARBONE (Giovanni Bernardo), né à Gênes en 1614, mort en 1683. — École génoise.

Cet artiste, élève d'Andrea dei Ferrari, qui eut pour maître Bernardo Strozzi, le restaurateur de l'École génoise, a passé pour le premier portraitiste de cette école. Il était contemporain de Van Dick, qui travailla à cette époque dans le même genre, et Carbone se faisait payer le même prix que le grand peintre flamand. Quel que soit le degré d'estime que l'on ait aujourd'hui pour les deux artistes, le peintre génois n'en fut pas moins fort habile. Sa peinture a de grands rapports avec l'École espagnole, notamment celle de Vélasquez.

N° 14. Portrait d'un jeune homme.

Il est vêtu de noir, avec une collerette et des manchettes en dentelle. Il pose sa main droite nue sur sa hanche, et la main gauche gantée sur la poignée d'une épée ciselée.

Peint à l'huile, sur toile.

Dimensions : H. 1,43. — L. 1.16.

Emplacement :

———

CIMA DA CONEGLIANO, né à Conegliano, près de Trévise, vers 1460, mort en 1517. — École vénitienne.

Il fut probablement élève de Jean Bellini, avec lequel il rivalisa pour les madones. Sa manière est plus sèche et moins colorée, mais plus fine et plus gracieuse. Il avait l'habitude de signer, en quelque sorte, avec la vue de Conegliano placée dans les fonds de ses tableaux sur une montagne. Il eut une nombreuse école, d'où sortit Carlo Cima, son imitateur.

N° 15. La Vierge et l'Enfant Jésus.

La Vierge, à mi-corps, est assise dans un fond de paysage qui se termine par la montagne de Conegliano ; de sa main droite elle soutient le pied de l'Enfant Jésus, vers lequel elle dirige son regard plein de méditation. Draperies très-fermes. En bas du tableau la signature *Joannes-Batista Coneglianensis*

2

Provenant de la galerie de M. Minghetti, à Bologne.

Peint à l'huile, sur bois.

Dimensions : H. 0,59. — L. 0.48.

Emplacement :

———

COSTA (Lorenzo), né à Ferrare en 1460, mort à Mantoue le 5 mars 1535. — École ferraraise.

Après avoir appris dans son pays les premiers éléments de l'art, il alla à Florence où il étudia les peintures de Fra Lippi, qui était déjà mort, et se mit sous la direction de Gozzoli, dont il chercha à imiter la manière. Appelé à Bologne par Gio. Bentivoglio, gouverneur de cette ville, il exécuta de nombreux tableaux à fresque et à l'huile dans son palais et dans différentes églises. Il se lia avec le Francia, que quelques historiens lui donnent pour maître, en se fondant sur une inscription citée par Malvasia, où Costa prend le titre de *Franciæ discipulus;* mais Vasari dit le contraire, ainsi que l'abbé Lanzi, qui pense que cette inscription n'est qu'un acte de déférence pour Francia, sous les ordres duquel il a effectivement travaillé. Il ouvrit une école à Ferrare, et fut le maître de Ercole da Ferrara, Ludovico Mazzolini et des deux Dossi.

Il laissa en outre une nombreuse famille d'artistes qui portèrent son nom.

N° 16. Sainte Famille.

La Vierge est assise tenant l'Enfant Jésus sur ses genoux, derrière eux saint Joseph, puis saint François, dont la tête est remarquable par son expression ascétique et aimante, et saint Jérôme se frappant la poitrine avec une pierre. Fond drapé par un rideau rouge découvrant un paysage.

Peint à l'huile, sur bois.

Dimensions : H. 0.88. — L. 0.72.

Emplacement :

N° 17. Mariage mystique de sainte Catherine.

La Vierge, assise en avant d'un rideau, tient sur ses genoux l'Enfant Jésus, qui passe l'anneau au doigt de sainte Catherine, agenouillée à gauche du tableau. Saint Joseph, placé à droite, un peu en arrière de la Vierge, regarde le groupe avec recueillement et tient dans sa main le bâton qui doit fleurir. Fond de paysage dans lequel passe une femme à cheval suivie d'un homme à pied.

Peinture à l'huile, sur bois.

Dimensions : H. 0.74. — L. 0.63.

Emplacement :

INNOCENZO DA IMOLA (Francucci), né, selon Vasari, en 1486, mort en 1542. — École bolonaise.

Vasari fait mourir Francucci à l'âge de cinquante-six ans, c'est-à-dire vers 1542 ; cependant une peinture de lui, à San Salvadore de Bologne, porte la date de 1549.

Il fut, avec Bartolomeo Ramenghi, dit *Il Bagnacavallo*, le fondateur de la Nouvelle École bolonaise ; tous deux sont élèves de Francia. Innocenzo da Imola séjourna à Florence, où il aida Albertinelli ; il étudia beaucoup la manière de Fra Bartolomeo et celle d'André del Sarto. De retour à Bologne, il y fonda une école et eut pour élève Prospero Fontana.

Nº 18. Mariage mystique de sainte Catherine.

Au centre de la composition, la Vierge, assise, tient sur ses genoux l'Enfant Jésus, qui passe l'anneau des fiançailles au doigt de sainte Catherine. A droite, la sainte, les yeux baissés, tend la main gauche et porte la droite sur sa poitrine ; à gauche, saint Joseph, la tête inclinée et les bras croisés, tient dans la main droite la branche qui a fleuri.

Peint à l'huile, sur bois.

Dimensions : H. 0,74. — L. 0,60.

Emplacement :

FRASELLA (Domenico) ditto Sarzana, né à
Sarzana en 1589, mort en 1669. — Ecole
génoise.

D'abord élève de Paggi, il passa à Rome,
où il étudia les maîtres de cette école, prin-
cipalement Raphaël. Après un séjour de
dix ans, il retourna à Gênes où il travailla
en même temps que le cavaliere d'Arpino et
Passignano. On prétend qu'il ne pouvait
finir ses tableaux qu'il donnait à terminer
à ses élèves Gio Baptista Casone et Gio
Paolo Oderico.

N° 19. Tobie rendant la vue à son père.

Le jeune Tobie frotte les yeux de son
père avec du fiel de poisson et lui rend la
vue, en présence de l'ange et de la famille
dévorée d'anxiété. Les personnages sont
représentés à mi-corps de grandeur naturelle et avec une grande puissance d'exécution.

Peint à l'huile, sur toile.

Dimensions : H. 1,36. — L. 1.70.

Emplacement :

FONTANA (Lavinia), appelée aussi Zoppi, née
en 1552, morte à Rome en 1614. — Ecole
bolonaise.

Était élève de son père, Prospero Fontana Bolognese, qui, pendant sa longue carrière, fut, comme Vasari, occupé à décorer à fresques les palais des princes. Mme Lavinia Fontana exécuta, à Rome et à Bologne, quelques grands tableaux dans le style de son père, inférieurs sous le rapport de l'invention, mais préférables sous celui du coloris Elle se distingua surtout dans le genre du portrait et devint peintre de la cour de Rome sous Grégoire XIII. Elle fut recherchée par les dames romaines à cause de son grand talent à rendre les toilettes de gala. Sa manière se perfectionna quand elle eut connu les Carrache. Elle exécuta pour l'Escurial une *Sainte Famille* très-louée par l'historien Mazzolavi qui cite aussi le tableau suivant :

N° 20. **La Reine de Saba visitant Salomon.**

Allégorie dans laquelle figurent, d'après Mazzolavi, le duc et la duchesse de Mantoue avec les principales dames de la suite de cette princesse dans leurs plus riches habits de cour et portant des présents : elles sont groupées à la suite de la reine qui s'agenouille devant le roi assis sur un trône à gauche du tableau. Au premier plan, à droite, un nain, vu de dos, tient de la main droite un collier de perles que lui tend un nègre, porteur d'un plateau chargé de présents.

Tableau très-intéressant par la reproduction fidèle des costumes d'apparat à la fin du seizième siècle.

Peint à l'huile, sur toile.

Dimensions : H. 2,34. — L. 3.30.

Emplacement :

N° 21. Portrait d'une jeune fille.

Elle est représentée en pied, près d'une table recouverte d'un tapis cramoisi sur lequel est un chat qu'elle caresse. De son cou pend un manchon qu'elle touche de la main droite. Signé : *Lavinia Fontana Zoppis faciebat MDLXXXI.*

Peint à l'huile, sur toile.

Dimensions : H. 1.19. — L. 0.89.

Emplacement :

- — —

LICINIO (Bernardino), dit LE PORDENONE, né à Pordenone (Frioul), en 1505. — Ecole vénitienne.

Élève de son oncle le chevalier Jean-Antoine Licinio, dit le Pordenone, qui fut un rival du Titien, Bernardino fut le meilleur de ses élèves, et le mérite de quelques-uns de ses portraits les a fait attribuer à son maitre, dont il imita la manière.

N° 22. **Portrait d'homme.**

Il est représenté presque de face, à mi-corps et de grandeur naturelle. Il porte les cheveux ras et la barbe longue, et est vêtu d'un pourpoint de velours noir avec des manches de satin rouge. Sa main gauche est appuyée sur sa poitrine, le pouce entré dans une ouverture du pourpoint, et sa main droite est appuyée sur un livre portant cette inscription : « Il Cortegiano. » Ce tableau est signé : « *LICINII Opus* » avec la date MDXLVI et l'indication : « Ætatis XLI. »

Tableau à l'huile, sur toile.

Dimensions : H. 0,69. — L. 61.

Emplacement :

———

LIPPI (Fra-Filippo), né vers l'an 1412, à Florence ; mort à Spoleto, le 8 octobre 1469. — École florentine.

Orphelin à l'âge de deux ans, il passa sa jeunesse dans le couvent del Carmine, à Florence, où il entra en religion. Vasari prétend qu'il se forma en étudiant les fresques nouvellement peintes par Mazaccio ; mais c'est une erreur manifeste : Mazaccio ne les commença qu'en 1440, et il est probable que le renseignement se rapporte à

Filippino Lippi, fils de Fra-Filippo. La vie de Fra-Filippo est féconde en événements romanesques. Se promenant un jour en mer, il fut enlevé par les Maures et conduit comme esclave en Barbarie. Après plusieurs années de captivité, il parvient à regagner l'Italie, et on le retrouve peignant à Florence en 1438. Il exécuta une grande quantité de tableaux importants pour Cosme de Médicis (l'ancien), pour les églises et les couvents de Florence et de Prato ; c'est dans le couvent de Sainte-Marguerite de cette dernière ville qu'il enleva Lucrezia Buti. Il travaillait dans le chœur de la cathédrale de Spolète, en compagnie de Fra-Diamante, lorsque la mort vint le surprendre à l'âge de cinquante-sept ans. On prétend qu'il mourut empoisonné par les parents d'une de ses maitresses.

N° 23. La Vierge et l'Enfant Jésus.

La Vierge tient l'Enfant Jésus les pieds posés sur un coussin ; à droite et gauche, deux anges adorateurs tenant des fleurs.

Peint à l'huile, sur bois.

Dimensions : H. 0,71. — L. 0,49.

Emplacement :

LOTTO (Lorenzo), né à Venise vers 1480, mort à Loretto entre 1555 et 1560. — Ecole vénitienne.

Les auteurs ne sont pas d'acord sur le lieu de sa naissance : les uns le font Bergamasque, d'autres Trévisan. Des actes prouvent qu'il était Vénitien ; seulement il a passé une grande partie de sa vie à Bergame. On croit qu'il apprit les éléments de l'art d'Andréa Previtali, de Bergame ; il entra ensuite à l'école de Jean Bellini et étudia les ouvrages de Giorgione. Ses plus anciens tableaux sont datés de 1505, et il est cité dans le livre de la fabrique de Sancta Maria di Loretto comme travaillant encore en 1554. Il mourut probablement peu de temps après. Cet artiste a changé plusieurs fois de manière, et l'on reconnaît successivement dans ses œuvres l'influence de Bellini, de Léonard de Vinci et de plusieurs maîtres vénitiens, entre autres de Palma Vecchio, avec qui on le confond quelquefois.

N° 24. Saint Jérôme dans le désert.

Il est à la porte de sa caverne, à genoux devant un crucifix et se frappant la poitrine, la tête rayonnante d'énergie ascétique. Son lion est couché à ses côtés. — Peinture très-vigoureuse et pleine de verve.

Peint à l'huile, sur bois.

Dimensions : H. 0,40. — L. 0,33.

Emplacement :

LUINI ou LUVINI DA LUINO (Bernardino).
né vers 1460 à Luino, sur le lac Majeur ;
mort vers 1530. — Ecole lombarde.

Imitateur, sinon élève de Léonard de
Vinci, il apprit les éléments de la peinture
du milanais Scotto Stefano, peintre d'orne-
ments et de paysages, qui fut aussi maître
de Gaudenzio Ferrari. Rien ne prouve qu'il
ait reçu directement des leçons de Léonard, mais il fréquenta l'Académie des artistes, instituée par François Sforce Iᵉʳ, dont
le Vinci fut le directeur. Il le prit pour modèle et imita quelquefois son style et son
exécution, de manière à faire illusion. Cependant il conserva le plus souvent une
finesse et une grâce originale qui empê-
chent de confondre ses ouvrages avec ceux
de Léonard, quoiqu'on les attribue souvent à ce dernier pour en augmenter la va-
leur. Luini ne s'écarta jamais de Milan, et
on voit de lui de nombreuses fresques con-
servées au musée de Bréra, ainsi qu'à la
Chartreuse de Pavie. Dans quelques-unes
de ces dernières, son style a quelque res-
semblance avec celui de Raphaël, ce qui
fait croire à tort qu'il avait été à Rome.

N° 25. Saint Jérôme.

Dans un intérieur sombre, le saint, accoudé sur une table, contemple avec amour le crucifix et se frappe la poitrine avec un caillou. Dans la main gauche il tient un livre. Il est vu à mi-corps.

Peint à l'huile, sur bois.

Dimensions : H. 0.64. — L. 0.50.

Emplacement :

N° 26. La Vierge.

Elle est vue de face, et incline légèrement la tête, remarquable par une expression virginale pleine de douceur et de sérénité. Dessin très-précis et très-délicat.

Peinture à fresque rapportée sur toile.

Dimensions : H. 0.52. — L. 0.41.

Emplacement :

N° 27. Sainte Anne.

Elle tient un rameau de la main droite, et présente de trois quarts sa figure empreinte de bienveillance et de noblesse. Cette fresque et la précédente semblent avoir fait partie d'une même composition qui serait l'éducation de la Vierge.

Peinture à fresque rapportée sur toile.

Dimensions : H. 0.58. — L. 0.49.

Emplacement :

N° 28. **Les Vendangeurs**.

Dans un riche paysage dont un temple occupe le centre, un homme debout dans une cuve à presser le raisin mange une grappe ; un autre apporte sur son épaule un panier rempli, tandis que deux autres transvasent le vin fait dans une hotte en bois. Sur le devant, à droite, un jeune enfant boit dans une tasse. Composition pleine de naturel et de naïveté, et très-bien conservée.

Peinture à fresque rapportée sur toile.

Dimensions : H. 1,95. — L. 1.73.

Emplacement :

N° 29. **Portrait de femme**.

Elle est vue de trois quarts et à mi-corps. la main droite indiquant les trois premières lettres de l'alphabet tracées sur une tablette. Peinture monochrome d'un très-grand caractère.

Peinture à l'huile en camaïeu, sur toile.

Dimensions : H. 0.66. — L. 0.46.

Emplacement :

———

MANTEGNA (Andréa), peintre, graveur et architecte, né à Padoue, en 1431, mort le 13 septembre 1506. — Ecole vénitienne.

Il gardait les moutons dans sa jeunesse ;
ses premiers essais ayant été remarqués, il
fut mis en apprentissage chez Francisco
Squarcione, qui l'adopta et le fit son héritier. En 1441, quoiqu'il n'eut que dix ans,
il fut admis dans la corporation des peintres à Padoue. Le Squarcione lui ayant fait
copier des plâtres moulés sur les plus beaux
marbres de l'antiquité, lui inspira de bonne
heure, pour l'antique, la passion qu'il conserva toute sa vie, et à laquelle il dut l'élévation de style qui le distingua. Il peignit
à Padoue, à Mantoue et à Rome, où il fut
appelé par le pape Innocent VIII. Il fut le
beau-frère des deux Bellini. Parmi ses
nombreux élèves, Carlo del Mantegna fut
celui qu'il affectionnait plus particulièrement.

N° 30. La Vierge et l'Enfant Jésus.

La Vierge, en arrière d'une balustrade
sur laquelle est assis l'Enfant Jésus, le soutient de la main gauche, et de la droite
maintient le tabouret sur lequel il est posé.
Elle incline vers son fils sa tête entourée
d'une auréole dorée qui coupe une guir-
lande de fleurs et de fruits. L'Enfant Jésus
est vêtu, vu de face, et a la tête également
entourée d'une auréole. Fond de paysage.
Sur le jour de la balustrade, une tête en
grisaille avec une couronne, et de chaque
côté un blason répété.

Peint à l'huile, sur bois.

Dimensions : H. 0,67. — L. 0,50

Emplacement :

———

MATSYS ou METSYS ou MASSYS (Quentin). né à Anvers, vers 1460, mort vers 1530. — Ecole flamande

Le nom de cet artiste a été écrit différemment par les biographes. D'abord forgeron, il ne se livra que plus tard à la peinture, et fut reçu dans la confrérie de Saint-Luc en 1491. Une aventure romanesque ou une maladie qui l'empêcha de continuer son premier état, l'aurait obligé à changer de profession ; quoi qu'il en soit, Matsys prouva qu'il était né peintre, il étudia la nature, et sans négliger les détails accessoires, il donna plus d'importance à la figure humaine. Son style sert de transition entre celui de Van Eick et celui de Rubens. Il fut intimement lié avec Erasme-Thomas More, et fut très-estimé de ses contemporains.

N° 31. **Ecce homo.**

Le Christ couronné d'épines, la figure et les mains ensanglantées, est vu jusqu'au milieu de la poitrine. Il bénit.

Peint à l'huile, sur bois.

Dimensions : H. 0,35. — L. 0,24.

Emplacement :

———

MELONE (Altobello), né à Crémone, travaillait de 1497 jusque vers 1520. — Ecole lombarde.

Il fut, avec Boccacino Boccaci, premier maître du Garofolo ; on a dit d'eux qu'ils furent les meilleurs antiques parmi les modernes et les meilleurs modernes parmi les antiques. Melone, avec Boccacino, fut chargé de continuer une histoire de la Passion commencée à Milan par Cristoforo Moretti, dans laquelle est entièrement abandonné l'usage des fonds d'or. Suivant la notice de Morelli, Altobello Melone aurait été élève de Armanico, probablement peintre crémonais.

N° 32. **Le Christ en croix.**

Dans un fond de paysage mouvementé, peint avec beaucoup de finesse, le Christ détache un bras de la croix pour bénir deux saints personnages qui sont à ses pieds. A gauche, un donataire probablement podestat appelle, par l'intermédiaire d'un saint évêque, la bénédiction du Christ sur la ville qu'il administre. Saint Antoine ermite pré-

sente le château du donataire de droite.
Composition très-belle par l'ordonnance
générale et une richesse de couleur qui se
rapproche de l'Ecole vénitienne.

Peint à l'huile, sur bois.

Dimensions : H. 2.06. — L. 1.00.

Emplacement :

PALMEZZANI (Marco). né à Forli. peignait
de 1513 à 1537. — Ecole vénitienne.

D'après deux dates trouvées sur deux de
ses tableaux. celle de 1513 et celle de 1537.
on a établi la durée des travaux de cet artiste dont il n'est fait mention, dit l'abbé
Lanzi. que deux fois dans les livres sur la
peinture. quoiqu'il ait beaucoup peint dans
sa patrie. Il a dû étudier à l'atelier de Me-
lozzo. Il est mentionné comme très-habile
en perspective et en ordonnance d'architecture. L'abbé Lanzi déclare ses Madones
plus belles de visage que celles de Costa.
bien qu'inférieures à celles du Francia. Sa
manière a quelque analogie avec celle de
Carpaccio. — Il existe au musée de Greno-
ble un très-beau portement de croix signé
de lui.

N° 33. Jésus-Christ prêchant.

Le Christ est debout sur une sorte de tribune antique, dans l'attitude d'enseigner. A droite et à gauche, saint Roch et saint Sébastien debout. Assis sur les marches du trône, un ange joue du luth. Le fond représente un portique de riche architecture, à travers les colonnes duquel on aperçoit les plans éloignés d'un paysage. Ce tableau, antérieur à la splendeur de l'Ecole vénitienne, mais déjà remarquable par la belle qualité des tons, porte l'inscription suivante : *Marchus Palmezzanus pictor forolisiensis faciebat. 1518.*

Provient de la galerie du comte Rasponi, à Ravenne.

Peint à l'huile, sur bois.

Dimensions : H. 2.32. — L. 1.47.

Emplacement :

—·—

PASQUALINO, né à Venise vers 1500.—Ecole vénitienne.

Il est probable que cet artiste, émule de Cima da Conegliano, à qui ses œuvres sont le plus souvent attribuées, reçut des leçons de ce maitre, ou travailla avec lui à l'atelier de Jean Bellini. — On ne connaît qu'un seul tableau signé de lui, qui se trouve au musée Correr, à Venise.

N° 34. La Vierge et l'Enfant Jésus.

L'Enfant Jésus, assis sur les genoux de la Vierge, tient de la main gauche la draperie qui couvre la tête de sa mère ; celle-ci le soutient de la main droite, et de la gauche lui présente un pavot. Fond de paysage. Ce tableau, conservé depuis fort longtemps dans la famille Fossoli, de Florence, était attribué à Cima da Conegliano, à cause de sa grande analogie avec les œuvres de ce maître. Ce n'est qu'à la suite d'un nettoyage que fut découverte la signature de Pasqualino.

Peint à l'huile, sur bois.

Dimensions : H. 0.50. — L. 0.41.

Emplacement :

PIPPI (Giulio), dit JULES ROMAIN, peintre, architecte et ingénieur, né à Rome en 1499, mort le 1ᵉʳ novembre 1546. — École romaine.

Il entra fort jeune à l'atelier de Raphaël, qui le prit en affection, fit de rapides progrès et fut bientôt en état d'aider son maître. Il n'avait que quinze à seize ans lorsque le Sanzio lui confia l'exécution de plusieurs de ses compositions pour les loges du Vatican, et l'employa ensuite à la Farnésia. Raphaël en mourant l'institua son héritier. Jules ouvrit à Rome une école fréquentée par de nombreux élèves.

N° 35. Étude de guerriers antiques.

Dessin à la sanguine et au crayon.

Dimentions : H. 0,55. — L. 0.75.

Emplacement :

———

PINTURICCHIO (Bernardino Betti), né à Pérouse en 1434, mort à Sienne, le 11 décembre 1513. — École ombrienne.

Selon Vasari, ce peintre aurait été au-dessous de sa réputation, se faisant aider, dit-il, par de jeunes artistes tel que Raphaël, qu'il fit venir, en effet, à Sienne pour l'aider à peindre la décoration à fresque de la fameuse librairie ou sacristie du Dôme, commandée par Pie III. Mais, d'une autre part, il est constant qu'il exécuta des travaux avec le Pérugin, son maitre, à part égale de bénéfices. Quoi qu'il en soit de cette contradiction apparente, les auteurs ont admis le Pinturicchio comme un grand maitre, lors même que sa chapelle de Racelli, à Rome, admirée de tous les artistes étudiants, et pour cela appelée la chapelle des peintres, ne le prouverait pas suffisamment. Cet artiste peignit tard dans le goût antique, déjà suranné à cette époque. Il mélangeait les fonds d'or à la sculpture et à la peinture. Il est surtout remarquable par l'ordonnance de ses fonds d'architecture.

N° 36. Miniature sur vélin.

Dans la partie supérieure une gloire au centre de laquelle la Vierge et l'Enfant Jésus, ayant à leur droite saint Pierre et à leur gauche saint Paul dans une arcade richement décorée d'arabesques, au pied de laquelle sont quatre donataires agenouillés avec leurs enfants. Dans l'archivolte de l'arcade, on lit cette inscription : « *Porta sancti Petri Auguste Perusiæ.* »

Provient de la galerie de M. le comte Baglioni, à Pérouse.

Dimensions : H. 0,29. — L. 0,21.

Emplacement :

N° 37. Miniature sur vélin.

Dans la partie supérieure une gloire au centre de laquelle la Vierge et l'Enfant Jésus. A droite et à gauche, deux saints, dont saint Michel terrassant le dragon. En bas, donataires agenouillés avec leurs enfants ; fond de paysage. Sur l'archivolte d'une arcade, richement décorée, on lit l'inscription suivante : *Porta sancti Angeli Auguste Perusiæ.*

Provient de la galerie de M. le comte Baglioni, à Pérouse.

Dimensions : H. 0.29. — L. 0.21.   .

Emplacement :

———

POLLAJUOLO (Antonio), né vers 1427, mort
en 1498. — Ecole florentine.

Son frère Piero et lui furent à la fois sta-
tuaires, peintres et orfèvres. Antonio grava
en outre sur cuivre. Il était élève de son
frère Piero ou Pietro Pollajuolo, qui avait
étudié sous Andrea del Castagno. Antonio
abandonna la manière sèche et uniforme
de traiter le nu par une connaissance plus
approfondie de l'anatomie. Il passe pour
avoir été le premier peintre italien qui ait
disséqué les cadavres et appris par princi-
pes le jeu des muscles. Les frères Pollajuoli
moururent tous deux à Rome et sont enterrés
à San Pietro in Vinculi. Au-dessus de leur
tombeau est une peinture que l'on croit
d'eux ou de leurs élèves.

Nº 38. Volet de triptique représentant un mar-
tyre.

Le martyr est représenté, probablement
sous les traits d'un donataire, vêtu d'une
dalmatique rouge d'un très-beau ton et rele-
vée avec beaucoup d'art. Sa main droite éten-

due présente un cœur, et de la gauche il tient la palme du martyre. Il est debout sur une galerie dallée de carreaux de différents marbres. Fond de paysage.

Peint à l'huile, sur bois.

Dimensions : H. 1.36. — L. 0.57.

Emplacement :

———

PRÉVITALLI (Andréa), né à Bergame, mort de la peste en 1528. — Ecole vénitienne.

Élève de Jean Bellini, il fut très-remarqué par son coloris savant et le beau caractère des têtes dans ses madones, et excellait surtout dans la perspective.

N° 39. Sainte Famille.

La Vierge, assise sur une marche couverte d'une draperie rouge qui forme le fond du tableau, soutient sur ses genoux l'Enfant Jésus qui est debout et tient le voile de sa mère. A ses pieds à gauche, le petit saint Jean en adoration est présenté par un saint vieillard ; à droite de la Vierge, saint Pierre écarte un pli du rideau et regarde le groupe en souriant. Une porte entr'ouverte, à gauche du tableau, laisse voir un paysage avec personnages. Signé : *Andréas Previtalus pinxit.*

Peint à l'huile sur

Dimensions : H. 1.0. — L. 0,98.

Emplacement :

———

RAIBOLINI (François), dit le *Francia*, né à Bologne de 1450 à 1453, mort dans la même ville le 6 janvier 1517. — École bolonaise.

Francia encore enfant fut mis en apprentissage chez un orfèvre de Bologne appelé Francia, dont il prit le nom, et reçut des leçons de dessin de Marco Zoppo, élève de Squarcione. Il fit des progrès rapides dans l'art de manier le burin, exécuta sur argent des nielles d'un beau travail et grava des médailles d'un style fort élégant. Le 10 septembre 1482, il fut inscrit sur le livre de la corporation des orfèvres ; en 1483, il devint massier de la confrérie. Francesco n'était plus jeune quand il s'adonna à la peinture ; il étudia les ouvrages de Mantegna, de Bellini, du Pérugin et s'exerça à faire des portraits. Le premier tableau qu'il exposa en public fut peint, selon Vasari, en 1490 et il le signa, ainsi qu'il le fit souvent depuis, en ajoutant à son nom sa qualité d'orfèvre *(Francia orifex)*, tandis que, sur ses pièces d'orfèvrerie, il prenait le titre de peintre. Il exécuta beaucoup de tableaux à fresque et à l'huile, particulière-

ment pour la famille Bentivogli, peignit
avec un soin extrême un nombre considé-
rable de portraits et de madones dont Raphaël, avec qui il était lié, dit, dans une
lettre du 15 septembre 1508, conservée jusqu'à nous, qu'il n'en est pas de plus belles, de
plus dévotes, de mieux faites. La cause de
sa mort, attribuée par Vasari, d'une façon
un peu dubitative il est vrai, au chagrin
qu'il éprouvait de se voir surpassé par son
jeune ami Raphaël qui venait d'envoyer à
Bologne le tableau de la *Sainte Cécile*, est
très-douteuse. Rien ne prouve que le Francia ait même vu la *Sainte Cécile*, et
comme il était âgé de soixante-dix ans en-
viron lorsque ce tableau arriva à Bologne,
il n'est pas nécessaire de chercher une
cause extraordinaire à sa mort.

Nº 40. Portrait d'un adolescent.

Il est vu jusqu'au dessous de la poitrine,
porte les cheveux demi-longs et plats, est
vêtu de noir et coiffé d'une toque. La main
droite repose sur la garde d'un poignard. La
tête, d'une expression fine et délicate, se
détache sur un fond de paysage. Tableau
remarquable par le beau caractère de la
figure, traitée avec beaucoup d'ampleur et
de simplicité naïve.

Peint à l'huile, sur bois.

Dimensions : H. 0.47. — L. 0.34.

Emplacement :

SAVOLDO (Jérôme), dit Gerolamo Bresciano, peintre d'histoire, né à Brescia, vivait en 1540. — Ecole vénitienne.

Élève du Titien. Comme cet artiste jouissait d'une fortune personnelle, il ne peignit que pour se distraire, et ne fit pas payer les tableaux dont il ornait les églises, et dont les principaux sont : *Jésus-Christ dans une gloire*, à Pesaro, et une *Transfiguration*, à Florence. Sa couleur est généralement bonne, et l'exécution d'un grand fini.

N° 41. **Saint Jean évangéliste.**

Le saint, vu de face, à mi-corps et plus grand que nature, est vêtu d'une tunique rouge. De la main gauche il présente un livre entr'ouvert, sur lequel parmi l'écriture est la signature de l'artiste. La tête est remarquable de vigueur et d'expression.

Peint à l'huile, sur toile.

Dimensions : H. 0,64. — L. 0,84.

Emplacement :

———

SCIARPELLONI (Lorenzo di Credi), né à Florence en 1453, vivait encore au mois de novembre 1536. — Ecole florentine.

Vasari dit que son père s'appelait Andrea Sciarpelloni, et qu'il plaça Lorenzo

chez maître Credi, orfèvre de Florence, dont
il prit le nom ; cependant Lorenzo, dans son
testament, s'appelle lui-même et à différentes reprises Lorenzo d'Andrea di Chredi,
pintore, ce qui semblerait prouver que le
nom de Credi était bien le sien et celui de
son père, et n'appartenait pas à l'orfèvre
chez lequel il était en apprentissage. Ayant
fait de rapides progrès dans le dessin, il
passa dans l'atelier d'Andrea Verochio,
dont il devint l'ami, l'héritier et l'exécuteur
testamentaire, et fut le condisciple du Pérugin et de Léonard de Vinci. Suivant Vasari, il peignit peu de grands tableaux, fit
beaucoup de progrès, et afin d'arriver à
une exécution d'un extrême fini, il broyait
ses couleurs lui-même, préparait ses hui-
les, prenant les précautions qu'il jugeait
nécessaires pour la bonne conservation de
ses œuvres.

N° 42. La Vierge et l'Enfant Jésus.

La Vierge, assise sur une galerie d'où
l'on découvre un paysage, tient sur ses genoux l'Enfant Jésus, qu'elle caresse de la
main gauche. La figure de la Vierge est
empreinte d'un sentiment charmant de can-
deur maternelle et d'élévation.

Peint à l'huile, sur toile.

Dimensions : H. 0,77. — L. 0,55.

Emplacement :

RAZZI (Antonio), ou Il Cavaliere Sodoma, né
vers 1479, mort, selon Vasari, en 1554. —
École siennoise.

Il y a controverse à l'égard de la patrie
de cet artiste ; quelques auteurs le veulent
de Vergelle, village siennois, s'appuyant
sur ce que le Sodoma fut chef d'école à
Sienne ; le plus grand nombre le font naî-
tre dans le Milanais ou dans le Piémont. Le
mérite de Sodoma a été également un sujet
de contestation. Il peignait vite et sans pré-
paration, de sorte qu'il est souvent laché ;
mais aujourd'hui il est admis que Vasari a
été injuste à son égard, et que le Sodoma a
été un grand maitre ; d'ailleurs, l'auteur de
la *Vie des Peintres* dit, dans un passage
de son livre, que Razzi était remarquable
par son dessin ; dans un autre passage, il le
loue pour son coloris vigoureux, ensorte
que l'abbé Lanzi accuse Vasari d'avoir dit
oui et non à la fois ; enfin, Annibal Carrache, passant à Sienne, à la vue des beaux
ouvrages de Sodoma, le déclare un grand
maitre.

Nº 43. **Portrait d'homme écrivant.**

Il est vu de face, en buste de grandeur
nature, coiffé d'une toque de velours noir,
et habillé d'une robe de même étoffe.

Provient de la galerie du comte Cottrelli, à
Florence.

Peint à l'huile, sur bois.

Dimensions : H. 0,95. — L. 0,70.

Emplacement :

———

SEBASTIANO DEL PIOMBO (Fra), dit aussi *Luciano*, né à Venise en 1485, mort à Rome en 1547. — École vénitienne.

Il est nommé *fra* ou *frater*, de ce que pendant son séjour à Rome il prit l'habit monastique auquel l'obligeait une charge qu'il y exerça. D'abord élève de Jean Bellini, il passa à l'école de Giorgione, s'acquit à Venise une grande réputation par son tableau de *Saint Jean Chrysostôme*, qu'on y voit encore. Appelé à Rome par Agostino Chigi, il y peignit un tableau, en concurrence avec Balthazar Perrugi et Raphaël lui-même, dans une salle de la Farnésine, qui appartenait alors à la famille Chigi. Michel Ange, qui avait pris Sebastiano del Piombo en amitié, sans doute par envie contre Raphaël, lui donna des conseils d'après lesquels il améliora son dessin. On prétend même que Buonarotti fit les dessins de plusieurs de ses ouvrages, tels que la *Pieta* de Viterbe, et les trois autres peintures qu'il exécuta à Saint-Pierre-in-Montorio, de Rome. Sebastiano est l'inventeur d'un procédé de peinture sur pierre ou plaque de marbre, dans lequel on fit quelquefois servir les accidents ou les veines de la pierre. Il peignit de la sorte la *Flagellation du Christ* à Saint-Pierre-in-Montorio, tenue pour être un des ouvrages dans lequel Michel-Ange l'aida. Il travaillait très-péniblement.

N° 44. Jésus marchant au Calvaire.

Le Christ est accablé par sa douleur, qu'il semble supporter cependant avec une force surhumaine ; il fléchit sous le poids de sa croix, sur laquelle sont posées ses mains en raccourci, d'un dessin remarquable d'audace et de science. Simon le Cyrénéen assiste son divin maître et supporte un des bras de la croix. Derrière eux, un soldat. Tableau traité dans le grand style de Michel-Ange, avec un coloris de la plus grande beauté. Les personnages sont représentés à mi-corps.

Provient de la collection de M. Reiset.

Peint à l'huile, sur bois.

Dimensions : H. 1.20. — L. 0.96.

Emplacement :

———

SUBSTERMANS (Just), né à Anvers en 1597. mort en 1681. — École flamande.

Élève de Pierre de Vos, il passa de bonne heure en Italie et fut peintre de la cour des Médicis sous Cosme Ier et Cosme II. Il s'acquit une telle réputation dans le portrait. qu'il rivalisa de son temps avec Van Dick ; mais le jugement de la postérité n'a pas confirmé l'opinion de ses contemporains à son égard. Substermans n'en est pas moins un portraitiste fort estimable et surtout très-vrai ; on rapporte qu'il rendait si fidèlement son modèle, dans toutes ses parties, qu'en couvrant le visage, on pouvait, dans la tournure, les mains, reconnaître l'original.

N° 45. Portrait de la marquise Guadagni et de son fils.

Ils sont représentés de grandeur naturelle, vus jusqu'au-dessous des genoux ; la marquise a la main droite passée derrière le cou de son enfant, la gauche est posée sur le bras d'un fauteuil. Elle est vêtue de noir avec des dentelles. La figure est remarquablement éclairée.

Provient de la galerie Guadagni.

Peint à l'huile, sur toile.

Dimensions : H. 1.25. — L. 1.03.

Emplacement :

VANUCCI (Pietro), dit IL PERUGINO ou LE PÉ-
RUGIN, né à Castello della Pieve (près de Pérouse) en 1446, mort à Castello Fontignano
en décembre 1524. — Ecole ombrienne.

Les auteurs ne sont pas d'accord sur le
nom du premier maître du Pérugin. Vasari
se borne à dire que le premier maître, qu'il
ne nomme pas, était un peintre médiocre
de Pérouse, et que Pietro vint se perfec-
tionner à Florence sous la conduite d'Andréa del Verocchio. Il fit de rapides progrès, et bientôt il jouit d'une telle réputation, que ses tableaux furent recherchés
non-seulement en Italie, mais encore en
France et en Espagne. Il travailla à Florence, à Rome, et surtout à Pérouse. Les
fresques dont il décora la salle du Cambio,
vers 1500, sont surtout célèbres. A partir de
cette époque, le Pérugin adopta trop souvent une manière expéditive et ne resta
pas à la hauteur où il s'était maintenu au-
paravant. Le Pérugin eut une école nombreuse ; presque tous ses élèves se firent un
nom que celui de Raphaël, leur condisciple,
a rendu moins glorieux.

N° 46. Figure de page.

Il est vu à mi-corps, vêtu d'une tunique
verte et drapé d'un manteau rouge ; il tient
un calice de la main droite. La figure a

une expression candide et simple que Raphaël a si bien imitée dans sa première manière, et la pose rappelle celle du page brisant une baguette dans le tableau du mariage de la Vierge, au musée de Brera.

Peinture à fresque reportée sur toile.

Dimensions : H. 0.70. — L. 0.50.

Emplacement :

———

VIVARINI (Antonio) et VIVARINI (Bartolomeo), frères, de Murano. — École vénitienne.

Antonio peignait déjà, en 1444, avec un certain Joannes de Alemania, un tableau à Saint-Pantaléon de Venise, sur lequel est inscrit : *Joannes de Alemania et Antonio de Murano. pinx. 1444* Ce même Joannes signe avec Antonio un autre tableau à Venise : *Joannes de Alemania et Antonio de Murano :* et enfin un troisième à Padoue : *Antonio de Murano et Johan Alemanus.* En 1451, Vivarini Antonio peint en collaboration avec son frère une pala d'autel représentant la Vierge, l'Enfant Jésus et plusieurs saints, signée au bas : *Antonius et Bartolomeus fratres pinxerunt hoc opus, 1451.* Après cette date, il n'est plus fait mention que de Vivarini Bartoloméo. Celui-ci, profitant des premiers de la découverte de la peinture à l'huile, devint, vers l'époque de Bellini, un des artistes en renom de Venise. Son premier ouvrage à l'huile est à Saints-Jean-et-Paul, avec la date de 1473. Il peignait encore en 1498.

N° 47. Volet de triptique représentant saint Roch

Le saint est debout, vêtu d'une sorte de tunique et montre les plaies de ses jambes qui sont restées nues. Fond doré comme dans les tableaux byzantins. *Signé Antonio Vivarini.*

Peint à l'huile, sur bois.

Dimensions : H. 1.35. — L. 0,45.

N° 48. Volet de triptique représentant saint Sébastien.

Le saint est debout, le torse nu et percé de flèches. Fond doré. Avec la signature : *Factum Venetiis per Bartolomeus Vivarinus de Murano. Pinxit 1484.*

Peint à l'huile, sur bois.

Dimensions : H. 1.35. — L. 0,45.

Emplacement :

———

ZENALE (Bernardino). né à Treviglio (Milanais), mort en 1526. Peintre et architecte. — Ecole lombarde.

On a peu de données sur cet artiste, qui a cependant laissé un traité de perspective. Il fut, comme architecte, chargé des réparations du Dôme de Milan, et Léonard de Vinci estimait ses connaissances. Le tableau suivant, qui rappelle le caractère de l'école de Léonard, peut faire croire qu'il reçut des conseils de ce grand maître.

Nº 49. Vierge avec donataires.

La Vierge est assise sur un trône, avec l'Enfant Jésus sur ses genoux. A droite, saint Étienne, diacre et martyr, et saint Jacques ; à gauche, deux autres saints. Au-dessous et de chaque côté, six donataires, agenouillés, l'implorent avec ferveur. Les figures sont dessinées avec une grande précision et une grande sobriété de couleur qui a de l'analogie avec la manière de Borgognone.

Peint à l'huile, sur bois.

Dimensions : H. 0.56. — L. 0.49.

Emplacement :

ZOCCHI (Giuseppe), né dans les environs de Florence en 1711, mort en 1767.

Après quelques études préliminaires à Florence, il fut envoyé à Rome et à Milan, où il se perfectionna. Il peignit beaucoup à fresque pour les palais et décora dans ce genre la villa Serristosi, le palais Rinuccini, enfin la galerie Gerini. Son principal mérite fut dans les tableaux de petite dimension, où il plaçait une multitude de petits personnages au milieu de vues d'architecture. Il peignit aussi les fêtes données par la ville de Sienne, à l'avénement au trône de Toscane de François Ier, époux de Marie-Thérèse d'Autriche. Etant retourné à Sienne pour peindre les fêtes données au grand-duc Pierre Léopold, il fut atteint par l'épidémie qui y régnait alors et en mourut.

N° 50 Vue de Florence.

La place et la colonne della Trinita à Florence. Tableau intéressant par l'habileté avec laquelle l'architecture est peinte. Les différents groupes de personnages et la disposition générale ont une grande analogie avec la manière de Canaletti et surtout de Guardi.

Provient de la galerie du comte Galli, à Plaisance.

Peint à l'huile, sur toile.

Dimensions : H. 0.59. — L. 0.80

Emplacement :

N° 51. Vue de Florence.

Au coin du palais del Bargello, à Flo-

rence, on donne l'estrapade à un criminel,
la place est remplie par différents groupes
de personnages dont un seigneur passant
en carrosse.

Ce tableau, intéressant par la fidélité et l'habileté avec laquelle est rendue l'architecture, a
été gravé et provient de la galerie du comte
Galli, à Plaisance.

Peint à l'huile, sur toile.

Dimensions : H. 0.59. — L. 0.89.

Emplacement :

———

ZOPPO (Marco), de Bologne, travaillait de
1471 à 1498. — Ecole bolonaise.

D'abord élève de Filippi Lippi, il quitte
son école pour celle de Squarcione, et devint l'émule de Mantegna. Il peignit surtout à Bologne, où il fonda une école et eut
la gloire d'être le maitre de Francia.

**N° 52. La Vierge et l'Enfant Jésus entourés de
saints et de donataires, qu'ils couvrent
de leur protection.**

La Vierge, vêtue d'une riche étoffe de
brocard, est assise sur un trône et tient
l'Enfant-Jésus sur ses genoux ; d'un geste
noble elle protège un moine et une reli-
gieuse agenouillés à ses pieds. Saint Louis

évêque, saint François d'Assise et saint
Jean sont debout et à sa gauche; à sa
droite, saint Benoit, saint Antoine de Padoue et un autre saint. Au-dessus d'elle,
deux anges planant sur des guirlandes de
fleurs.

Peint à l'huile, sur bois.

Dimensions H. 0.26. — L. 0.22.

Emplacement :

———

ÉCOLE FLORENTINE.

Nº 53. La Vierge et l'Enfant Jésus.

La Vierge, assise, porte sur sa tête une
couronne d'or. Elle est vue de trois quarts.
L'Enfant Jésus tient sa figure près de celle
de sa mère, et lui passe le bras droit autour du cou, la main gauche tenant le
voile de la Vierge. Forme cintrée dans le
haut avec fond d'or. Sur le cadre, l'inscription : *Ave Maria gratia plena.*

Peint à l'huile, sur bois.

Dimensions : H. 0.68. — L. 0.44.

Emplacement :

———

ÉCOLE LOMBARDE.

Nº 54. **Portrait d'homme**.

Il est vu à mi-corps et de profil, portant les cheveux longs, la tête recouverte d'une toque rouge. Il est armé d'un hausse-col en fer, et a la poitrine couverte d'une cotte de mailles. Peinture rappelant l'école de Léonard de Vinci.

Provient de la galerie du duc Litta, à Milan.

Peint à l'huile, sur bois.

Dimensions : H. 0,58. — L. 0,48.

Emplacement :